AF359253

CONFIRMATIONS

DES PRIVILEGES,

EXEMPTIONS ET FRAN-

CHISES DES OFFICIERS,

Ouuriers, Monnoyers pour

le Roy en la Monnoye

de Roüen.

Imprimez l'An M. DC. XXXIX.

iour ferial & non ferial; ouurant & non ouurant: monnoyant & non monnoyant, & pour chacun d'iceux. Lefquels Gages leur auroient eſté oſtez, Pour au lieu dequoy,
leur auroit eſté, à eux & leurs ſucceſſeurs & predecef-
ſeurs, Donné, concedé & octroyé pluſieurs beaux Priuileges, Franchiſes, Libertez, Exemptions, & Immunitez: & entr'autres l'Exemption de toute Iuriſdiction autre que leur Preuoſt, & le droict de Committimus, fors &
excepté trois cas, (Larcin, Meurtre, & Rapt:) exemption
de Tutelles, Curatelles; Depoſts de Iuſtice, autres charges
publiques. De toutes Tailles, creuës de Tailles, Taillon,
Foüages, Couſtumes, Malleſtoutes, Pied-fourché, Equiuallens, Peages, Panages, Paſſages, Pontages, Impoſts,
Billots, fuſt pour raiſon de Marchandiſe ou autrement.
Centieſme, Cinquantieſme, Vingtieſme, Traiſieſme,
Huictieſme, Quatrieſme, Aſſées, Subſides, Hoſts, Cheuauchées, Chauſſées, Hoſtellages, Impoſitions pour la
ſolde de cinquante-mil hommes de pied, Entrée de Ville,
Fortifications, de Reparations d'icelles. Emprunts, tant
generaux que particuliers: Guets & Gardes des portes,
Sentinelles, & generallement de tous autres Subſides,
Subuentions, & Superindictions mis & à mettre ſur
nos Subiects, impoſez & à impoſer, tant par le paſſé,
à preſent, qu'à l'aduenir: de quelque nom que l'on
les vueille impoſer & appeller. Deſquels Priuileges, Exemptions, Franchiſes & Libertez, leſdits Expoſans, leurs
femmes veſues ont par cy deuant ioüy & vſé plainement
& paiſiblement: Voire de ſi long temps qu'il n'eſt memoire du contraire: Soit qu'ils ſoient demeurans ou non
demeurans és Villes & Banlieuës où l'on forge Monnoye,
& de ce obtenu en general & en particulier Lettres de
Confirmation de nos Predeceſſeurs Roys de regne en regne: & ſpecialement depuis le temps de bonne, loüable
& heureuſe memoire Philippes le Bel, iuſques au regne du

feu Roy Henry dernier decedé noftre tres honoré Sieur &
Frere, que Dieu abfolue, qui ont efté verifiez & enterinez
tant en nos Cours de Parlement, que par tout ailleurs où
befoin a efté. Et combien que d'iceux Priuileges, Franchifes & Exemptions, lefdits Expofans deuffent ioüyr &
vfer plainement & paifiblement; Ce neantmoins les Confeillers & Efcheuins de noftre Ville de Roüen, & autres
Villes & Bourgades; Fermiers des Impofts & Subfides
mis de nouueau fus, s'efforcent cotifer & rendre lefdits
Expofans contribuables à iceux fçauoir eft, de Douze fols
fix deniers, Deux fols fix deniers, Cinq fols en vne partie,
autres Cinq fols d'entrée: Et pour Aide de Ville, Quinze
fols pour queuë de Vin: Deux fols fix den. pour les gages
des Harquebufiers: Vn fold pour liure pour le gros du vin:
Vn efcu pour muid de Vin, & autres vaiffeaux à l'equipolent: Vingt fols pour ponçon de Sildre: Pour le Gros du
Sildre, Peray & autre Boiffon, Douze deniers pour liure:
& pour l'Ayde de Ville defdits Boiffons, Cinq fols pour
queuë: Pour chacun Pourceau gras Vingt fols d'entrée.
Poids & Acquits de Vicomté, & Droiſts d'appetiffement
de Mefures, fous pretexte que par les Commiffions expediées pour la leuée d'iceux, eft mandé y comprendre,
exempts & non exempts: priuilegez & non priuilegez,
& fans preiudice de leurs Priuileges: Et à ce les veulent
contraindre, fi par Nous ne leur eft fur ce pourueu: Au
moyen dequoy ils fe font retirez par deuers Nous pour
nous fupplier & requerir leur vouloir fur ce impartir nos
Lettres de Confirmation & prouifion à ce necefsaires.
SCAVOIR FAISONS, Que Nous, A ces cau-
fes, Defirans fubuenir aufdits Expofans, & les maintenir
& conferuer en leurfdits Priuileges, Franchifes, Libertez,
& Exemptions, & afin de leur donner moyen de continuer
le feruice qu'ils nous font tenus faire à la fabrication de
nofdites Monnoyes: eftans bien memoratifs que lefdits
Priuileges

fupplians aïent actuellemét & fans fraude exercé par le paffé
exercent encores de prefent, & exerceront à l'aduenir toutesfois que meftier fera, & qu'ilz feront pour ce mandez par
leurs Preuofts, & qu'ils ayét efté receus d'eftre & ligne d'Ouurier ou de Mónoyer, & fait le ferment & efpreuue, fuiuant
les ftatutz & ordonnances par nos Predeceffeurs faites fur le
faict de nofdites Monnoyes. Et pource que de ces prefentes
l'on pourra auoir affaire en plufieurs & diuers lieux ; Nous
voulôs qu'au Vidimus d'icelles, fait fouz feel Royal, ou col-
lationnée par l'vn des amez & feaux Notaires & Secretaires,
foy foit adjouftée comme au prefent Original: Auquel, afin
que ce foit chofe ferme & ftable, Nous auons fait mettre noftre feel, fauf en autre chofe noftre droict, & l'autruy en toutes. Donné à Fontainebleau au mois d'Aouft, L'an de grace
Mil cinq cens foixante. Et de noftre Regne le 2. Signé, *Du*
Mefnil. Et fous le reply; *Rapporté au Confeil pour le Roy, le 6. Aouft*
1560. Vialar. Et fur le reply d'icelle; Par le Roy en fon Confeil, B O V R D I N. Et feellées fur lacqs de foye verd & rouge en cire verd. Auffi fur ledit reply eftoit efcrit: *Regiftrata,*
audito Procuratore generali Regis, pro gaudendo per Impetrantes effe-
ctu prefentim pro vt anteà ritè & rectè vfi funt, & nunc vtuntur. Pa-
rifys in Parlamento, vigefima Iunÿ, Anno Domini Milleſimo quin-
gentefimo fexageſimo primo. Signé, D V T I L L E T. *Regiftrata*
fimiliter in Camera Computorum Domini noftri Regis, & fub fimili
conditione: vigefima fexta Iunÿ, Anno fupra fcripto, & confentiente
Procuratore generali. Signé, L E M A I S T R E. *Leuës, & enre-*
giftrées en la Cour des Aides à Paris, ce confentant le Procureur general
du Roy, fuiuant l'Arreft d'icelle donné ce iourd'huy. Fait le 18. iour
de Iuillet 1561. Signé, L E S V E V R. Et au dos dudit reply
defdites Lettres eft efcrit; R E G I S T R A T A. *Leües, publiées &*
enregiftrées en la Chambre du Trefor, pour iouïr par les Impetrans def-
dits Priuileges y mentionnez, felon & ainfi que bien & deuëment ils
en ont ioüy par cy deuant, fur ce oüy le Procureur du Roy en ladite
Chambre, qui l'a ainfi confenty. Fait audit Trefor le 4. iour d'Aouft,
l'An Mil cinq cens foixante-vn. Signé, D V F R E S N O Y.

A 3

Aufquelles Lettres eftoient attachées autres Lettres foũs vn contrefeel de cire iaulne, defquelles la teneur enfuit.

CHARLES par la grace de Dieu, Roy de France : A nos amez & feaux Confeillers les Gens tenans nos Cours de Parlement, Chambre de nos Comptes, Treforiers de France, & Generaux de nos Finances; & fur le faict de la Iuftice de nos Aides & Tailles, & des Monnoyes, Chambre du Trefor, Baillifs, Senefchaux, Preuoftz, Vicomtes, Preuoft des Marchands, Efcheuins, Maires, Efleuz, & à tous nos autres Iufticiers Officiers prefens & à venir, & à chacun d'eux fi comme à luy appartiendra ; Salut & dilection. Nos chers & bien-amez les Preuoftz, Ouuriers, & Monoyers du ferment de France, Nous ont fait dire & remõftrer, que dés le mois d'Aouft Mil cinq cens foixante, Ils ont obtenu du feu Roy François noftre trefcher Seigneur & Frere, les Lettres de Confirmation de leurs Priuileges cy attachées fous le contrefeel de noftre Chancellerie, lefquelles ils ne vous ont encores prefentées pour en auoir la verification; Et doutent que au moyen du decedz aduenu de noftredit feu Sieur & Frere; vous vouliez faire dificulté proceder à la verification d'icelles, fans fur ce auoir de Nous Lettres & prouifion, humblement requerans icelles. NOVS, A CES CAVSES, ayans pour agreable le contenu efdites Lettres, defirans qu'elles fortent leur plain & entier effect : VOVS MANDONS, & cõmettons par ces prefentes, de receuoir lefdits Supplians à vous prefenter lefdites Lettres, & d'icelles en requerir l'enterinement & verification, tout ainfi que fi elles eftoient de Nous émanez, & depuis noftre aduenement à la Couronne : Et ce nonobftant, dont nous les auons releuez & releuons par ces prefentes. Car tel eft noftre plaifir. Donné à Paris le traiziefme iour de Iuin, L'an de grace Mil cinq

Priuileges, & Exemptions leur ont esté accordez au lieu
& pour les recompenser desdits Cinq sols parisis de Gages à eux & chacun d'eux accordez par chacun iour ouurant & non ouurant: monnoyant & non monnoyant.
Et apres auoir fait voir en nostre Conseil copies deuëment collationnées desdits Priuileges : Confirmations
& Declarations obtenus en consequence d'iceux: le tout
cy attaché sous le Contre-seel de nostre Chancellerie : Et
pour plusieurs bonnes considerations à ce Nous mouuans.
DE L'ADVIS D'ICELVY NOSTREDIT CONSEIL:
Auons ausdits Supplians, Continué, confirmé & ratifié :
& de nos presens grace special, plaine puissance, & authorité Royal: Continuons, confirmons & ratifions par ces
presentes, Tous & chacuns leursdits Priuileges, & Exemptions, ainsi que dit est, par nos predecesseurs Roys à eux
accordez, continuez confirmez & octroyez: Pour par eux
& leurs successeurs en iouyr & vser, tout ainsi & en la
mesme forme & maniere qu'ils en ont cy deuant bien &
deuement iouy & vsé, iouyssent & vsent encores de present. SI DONNONS EN MANDEMENT A
nos amez & feaux Conseillers, les Gens tenans nostre
Cour de Parlement à Roüen , Cour de nos Aydes,
Presidents & Tresoriers generaux de France, audit lieu:
Bailly, Vicomte & tous autres Iusticiers & Officiers
qu'il appartiendra : Que du contenu en ces presentes
ils facent, souffrent & laissent iouyr & vser plainement &
paisiblement lesdits Exposans, sans leur donner ou permettre leur estre donné sur ce aucun empeschement ou
destourbier. Lequel si fait, mis ou donné leur estoit: le
facent incontinent oster, reparer & remettre au premier
estat & deu : Nonobstant quelconques ordonnances, mandemens, deffences & lettres à ce contraires, ausquelles
Nous auons dérogé & derogeons. Car est nostre plaisir.
Et afin que ce soit chose ferme & stable à tousiours, Nous
auons fait mettre nostre seel à cesdites presentes : saouf en

autres chofes noftre droict , & l'autruy en toutes. Donné
à Roüen ou mois de Septembre, l'an de grace Mil cinq
cens quatre vingts faize: Et de noftre Regne le huictiéme.
Et fous le reply , *Deputata* , & en la marge vn paraphe.
Et fur ledit reply , Par le Roy en fon Confeil BONNET.
Et à cofté *Vifa*, *Contentor*, LE PREVOST. Et fur le dos eft
efcrit, *Regiftrata*. Et feellées du grand feau de cire verte,
en lacqs de foye rouge & verte. Et fur ledit reply eft encores efcrit;

*Regiftrées és Regiftres de la Cour des Aydes en Normandie,
ce iourd'huy vingt-deuxiefme iour d'Aouft , Mil cinq cens quatre-
vingts dixfept , fuiuant l'Arreft d'icelle dudit iour , pour en ioüyr
par les Officiers Monnoyers , ainfi qu'ils en ont cy deuant ioüy &
vfé ; fans aucune chofe inouer.*

Signé CLEY , vn paraphe.

*Regiftrées és Regiftres de la Cour, Ouy & confentant le Procureur
general du Roy, pour ioüyr & vfer par lefdits Preuofts, Ouuriers,
Monnoyers, & Officiers de la Monnoye de ceftedite Ville, feruans
actuellement, & trauaillans en icelle & leurs fucceffeurs du contenu
aufdites Lettres, ainfi qu'ils ont par cy deuant bien & deuëment
ioüy & vfé , fuiuant les Arrefts donnez fur la verification de pareilles Lettres de Confirmation. A Roüen en Parlement le faiziefme iour de Decembre, Mil cinq cens quatre-vingts faize.*

Signé,   DE BOISLEVESQVE.

SVR la Requeſte preſentée au Roy en ſon Conſeil, par les Preuoſts, Ouuriers & Monnoyeurs de la Monnoye de Roüen, Tendant afin que l'Arreſt donné audit Conſeil le vingtieſme Auril Mil cinq cens quatre-vingts ſept fuſt executé & ſortiſt ſon plain & entier effeſt; Et en conſequence d'iceluy, Leſdits Supplians, leurs femmes, veufues, & enfans naiz & à naiſtre en loyal mariage, joüyroient du contenu en toutes leurſdites Lettres de Chartre, Priuilege, & Confirmations, ſelon leur forme & teneur; Et comme ils en ont par cy deuant ioüy: Et que deffences fuſſent faites aux Aſſeeurs & Collecteurs, de les cotiſer & impoſer: Et ordonner qu'il ſeroient rayez des Rolles, & des Regiſtres des departemens; nonobſtant que par les Lettres, Edits & Mandemens de leuées de deniers, obtenuës & à obtenir par les Eſcheuins de la ville de Roüen, Aſſeeurs & Collecteurs, & autres Officiers quelconques, ſoit qu'il fuſt permis contraindre exempts & non exempts: priuilegez ou non priuilegez: Et en cas d'attentat contre ledit empeſchement, à l'execution dudit Arreſt, ordonner, Que les contreuenans & tous autres qu'il appartiendra ſeroient appellez audit Conſeil, pour ſe voir condáner en tous les deſpens, dommages & intereſts deſdits Supplians, auec defences d'en faire ailleurs pourſuitte à peine de nullité des procedures. VEV PAR LE ROY en ſon Conſeil ledit Arreſt du vingtieſme Auril, par lequel, il auroit eſté ordonné, Que leſdits Officiers de la Monnoye, & Ouuriers ſer-

B 2

uans actuellement & trauaillans en icelle iouyroient des
Priuileges à eux octroyez, qui seroient maintenus & gardez tant & si longuement qu'ils continueront leur ser-
uice : Les Lettres de Chartre, Priuileges Franchises, Libertez, Exemptions & Immunitez à plain specifiées &
declarées par lesdites Lettres, accordées ausdits Supplians
par les predecesseurs Roys de regne en regne ; & spe-
cialement depuis le temps de bonne & heureuse memoire Philippe le Bel iusques au Roy defunct Henry
dernier decedé son tref-honoré Seigneur & Frere, verifiées & enterinées tant en la Cour de Parlement de
Roüen, que par tout ailleurs où besoin a esté. Lettres
de Confirmation desdits Priuileges par sadite Maiesté au mois de Septembre Quatre vingts saize, enregistrées en la Cour de Parlement de Roüen : Ouy
& consent le Procureur General : executions & con-
traintes contre aucuns Monnoyeurs pour raison des
Taxes & Cottes esquelles ils auroient esté imposez par
les Manans & Habitans de la ville de Roüen, nonobstant leursdits Priuileges & Immunitez, Arrest donné
en la Cour des Aides le quatriesme Nouembre dernier,
entre Nicolas le Retour Ouurier en la Monnoye de ladite ville de Roüen d'vne part, & Roulin le Maistre
Commis & proposé à faire la recepte du droict du nouueau Impost, par lequel ledit le Retour auroit esté con-
damné payer ledit nouueau Impost, nonobstant & sans
auoir esgard ausdits Priuileges : Et tout consideré. L E
R O Y E N S O N C O N S E I L, a ordonné & ordonne, Que ledit Arrest donné en iceluy le vingtiesme
Auril sera executé, Et sortira son plain & entier effect : Et en ce faisant, Que lesdits Officiers de la Monnoye & Ouuriers trauaillans en icelle, iouyront des Priuileges à eux octroyez, ainsi & en la forme qu'ils en ont
cy deuant bien & deuëment iouy & iouyssent. Et si
quelque chose auoit esté par eux payée au preiudice de

leurs Priuileges : Ordonne sa Maiesté qu'il leur sera
rendu. Fait au Conseil priué du Roy tenu à Paris le
seiziesme Ianuier Mil cinq cens quatre vingts dix-huict.
Collation faicte, auec vn paraphe.

Signé,   DE LA GRANGE auec vn paraphe.

Et à la marge encor vn autre paraphe.

ENRY par la grace de Dieu,
Roy de France, & de Nauarre : A nos amez
& feaux Conseillers les Gens tenans nostre
Cour de Parlement, & Cour des Aides à
Roüen, Bailly dudit lieu, ses Lieutenans, & tous autres
nos Officiers qu'il appartiendra ; Salut. Par Arrest de
nostre Conseil, dont l'Extraict est cy attaché sous le con-
tresel de nostre Chancellerie, ce iourd'huy donné sur
la Requeste à Nous presentée par nos chers & bien-
amez les Preuost, Ouuriers, & Monnoyeurs de la
Monnoye de Roüen ; NOVS auons ordonné & ordonnons qu'autre Arrest donné en nostredit Conseil le
vingtiesme Auril Mil cinq cens quatre-vingts sept, seroit executé & sortiroit son plain & entier effect : Et
qu'en ce faisant, lesdits Officiers & Ouuriers trauaillans en ladite Monnoye iouyroient des Priuileges à eux
octroyez ainsi qu'ils en ont cy deuant ioüy & vsé : Et
que si quelque chose auoit esté par eux payé, au preiudice d'iceux, leur seroit rendu. A CES CAVSES
VOVS MANDONS, ordonnons, & tres-expres-
sémét enjoignons ; Que lesdits Arrests vous mettez & faites mettre à deuë & entiere execution de poinct en poinct
selon leur forme & teneur : Et suiuant iceux, vous

mainteniez & faites maintenir lefdites Officiers de la
Monnoye en noftre ville de Roüen, & Ouuriers feruans actuellement, & trauaillans en icelle ; comme
nous voulons qu'ils foient par vous maintenus en la
plaine & entiere ioüyffance des Priuileges à eux octroyez ; Pour en ioüyr par eux, ainfi & en la forme qu'ils
en ont cy deuant bien & deuëment ioüy & vfé ; &
ioüyffent à prefent : Et que fi quelque chofe a efté par
eux payé au preiudice de leurfdits Priuileges, vous leur
faciez rendre & reftituer : Contraignans, & faifans contraindre à ce faire tous ceux qu'il appartiendra, par
toutes voyes & manieres deuës & raifonnables, De ce
faire vous donnons plain pouuoir, authorité, Commiffion & Mandement fpecial par ces prefentes, pour l'execution defquelles, & de nofdits Arrefts ; Mandons au
premier noftre Huiffier ou Sergents Royal fur ce requis, faire tous exploits, commandemens, fignifica-
tions & contrainctes neceffaires ; Sans qu'il luy foit befoin pour ce prendre ne demander aucun congé, per-
miffion, placet, vifa, ne pareatis : Car ainfi nous plaift il
eftre fait ; Nonobftant Clameur de Haro, Chartre Nor-
mande, prife à partie, & lettres à ce contraires. Donné
à Paris le feiziefme iour de Ianuier, l'An de grace Mil
cinq cens quatre-vingts dixhuict. Et de noftre regne le
neufiefme. Et plus bas eft efcrit, Par le Roy en fon
Confeil ; Signé, DE LA GRANGE vn paraphe.
Et feelleés fur fimple queuë du grand feau en cire jaune.
Et en la marge eft encor vn autre paraphe.

Autre

*Autre Confirmation des Priuileges pour les Offi-
ciers, Ouuriers, & Monnoyers de la
Monnoye de Roüen.*

LOVYS par la grace de Dieu, Roy de France & de Nauarre : A tous presens & aduenir, Salut. Nos chers & bien aimez les Preuolts, Ouuriers, Monnoyers, & Officiers de la Monnoye de noſtre Ville de Roüen, Nous ont fait dire & remonſtrer ; Que nos Predeceſſeurs Roys, pour les recompenſer tant des peines & trauail cor-porel qu'ils ont & prennent pour la fabrication de noſtre-dite Monnoye, tant en noſtredite Ville de Roüen, qu'ail-leurs où ils ſont tenus aller quand il nous plaiſt les enuoyer en autre Garniſon, delaiſſant leurs femmes, familles, & toutes leurs autres affaires & negoces ceſſans ; qu'auſſi de la ſomme de Cinq ſols pariſis qui leur auroient dés l'ori-gine de leur creation, eſté ordonnez de Gages par chacun iour ferial & non ferial ; ouurant & non ouurant : mon-noyant & non monnoyant, & pour chacun d'iceux. Leſ-quels Gages leur auroient eſté oſtez, Pour au lieu dequoy, leur auroit eſté, à eux & leurs ſucceſſeurs & predeceſſeurs, Donné, concedé & octroyé pluſieurs beaux Priuileges, Franchiſes, Libertez, Exemptions, & Immunitez : & en-tr'autres l'Exemption de toute Iuriſdiction autre que leur Preuoſt, & le droict de Cómittimus, fors & excepté trois cas, (Larcin, Meurtre, & Rapt :) exéption de Tutelles, Cu-ratelles, & nomination d'icelles ; Depoſts de Iuſtice, au-tres charges publiques. De toutes Tailles, creuës de Tail-

les, Taillon, Foüages, Couftumes, Malleftoutes, Pied-
fourché, Equiuallens, Peages, Panages, Paffages, Pontages, Impofts, Billots, fuft pour raifon de Marchandife ou
autrement. Centiefme, Cinquátiefme, Vingtiefme, Traifiefme, Huictiefme, Quatriefme, Affées, Subfides, Hofts,
Cheuauchées, Chauffées, Hoftellages, Impofitions pour la
folde de cinquante-mil hommes de pied, Entrée de Ville,
Fortifications & Reparations d'icelles. Emprunts, tant
generaux que particuliers : Guets & Gardes des portes,
Sentinelles, & generallement de tous autres Subfides,
Subuentions, Impofitions & Superindictions mis & à
mettre fur nos Subiects, impofez & à impofer, tant par le
paffé, à prefent, qu'à l'aduenir : de quelque nom que l'on
les vueille impofer & appeller. Defquels Priuileges, E-
xemptions, Franchifes & Libertez, lefdits Expofans, leurs
femmes vefues ont par cy deuant ioüy & vfé plainement
& paifiblement : Voire de fi long temps qu'il n'eft memoire du contraire : Soit qu'ils foient demeurans ou non
demeurans és Villes & Banlieuës où l'on forge Monnoye,
& de ce obtenu en general ou en particulier Lettres de
Confirmation de nos Predeceffeurs Roys de regne en regne : & fpecialement depuis le temps de bonne, loüable
& heureufe memoire Philippes le Bel, iufques au regne du
feu Roy Henry dernier decedé noftre tres honoré Sieur &
Pere, que Dieu abfolue, qui ont efté verifiez & enterinez
tant en nos Cours de Parlement, que par tout ailleurs où
befoin a efté. Et combien que d'iceux Priuileges, Franchifes & Exemptions, lefdits Expofans deuffent ioüyr &
vfer plainement & paifiblement; Ce neantmoins les Confeillers & Efcheuins de noftre Ville de Roüen, & autres
Villes & Bourgades ; Fermiers des Impofts & Subfides
mis de nouueau fus, s'efforcent cotifer & rendre lefdits
Expofans contribuables à iceux : fçauoir, Deux fols fix
deniers, Cinq fols en vne partie, autres Cinq fols d'entrée : Et pour Aide de Ville, Quinze fols pour queuë

de Vin : Deux fols fix deniers pour les gages des Harquebufiers : Vn fold pour liure pour le Gros du Vin : Vn
efcu pour muid de Vin, & autres vaiffeaux à l'equipolent : Vingt fols pour ponçon de Vin : Pour le Gros du
Sildre, Peray & autre Boiffon, Douze deniers pour liure :
& pour l'Aide de Ville defdites Boiffons, Cinq fols pour
queüe : Pour chacun Pourceau gras Vingt fols d'entrée.
Poids & Acquits de Vicomté, & Droicts d'appetiffement
de Mefures, fous pretexte que par les Commiffions expediées pour la leuée d'iceux, eft mandé y comprendre,
exempts & non exempts : priuilegez & non priuilegez,
& fans preiudice de leurs Priuileges : A quoy ne voulons
que cela leur puiffe preiudicier en aucune maniere : Voulans qu'ils foient rayez & biffez des Rolles d'iceux, au cas
qu'ils y fuffent compris. Nous requerans tres humblement leur vouloir fur ce impartir nos Lettres de Confirmation & prouifion à ce neceffaires.

SCAVOIR FAISONS, Que Nous, A ces cau-
fes, Defirans fubuenir aufdits Expofans, & les maintenir
& conferuer en leurfdits Priuileges, Franchifes, Libertez,
& Exemptions, & afin de leur donner moyen de continuer
le feruice qu'ils nous font tenus faire à la fabrication de
nofdites Monnoyes : eftans bien memoratifs que lefdits
Priuileges, Franchifes, & Exemptions leur ont efté accordez au lieu & pour les recompenfer defdits Cinq fols parifis de Gages à eux & chacun d'eux accordez par chacun
iour ouurant & non ouurant : monnoyant & non monnoyant. Et apres auoir fait voir en noftre Confeil copies
deuëment collationnées aux Originaux defdits Priuileges :
Confirmations & Declarations obtenus en confequence
d'iceux : mefmes l'Arreft du Confeil d'Eftat du feu Roy
Henry troifiefme noftre tres honoré Sieur & Oncle, que
Dieu abfolue, donné à Paris le 20. Aouft 1587 Par lequel auroit efté ordonné, Que tous & chacuns lefdits Officiers de noftre Monnoye de Roüen, & Ouuriers feruans

actuellement, & ttauaillans en icelle, ioüyront des Priuileges à eux octroyez, & y feront maintenus & gardez
tant & fi longuement qu'ils continueront le feruice ainfi
qu'il appert par iceluy : le tout cy attaché fous noftre
Contre-feel : & pour plufieurs bonnes confiderations à
ce Nous mouuans. DE L'ADVIS D'ICELVY NO-
STREDIT CONSEIL : Auons aufdits Supplians, Continué, confirmé & ratifié : & de nos prefens grace fpecial,
plaine puiffance, & authorité Royal : Continuons, confirmons & ratifions par ces prefentes, Tous & chacuns leurfdits Priuileges, Franchifes & Exemptions, ainfi que dit
eft, par nos predeceffeurs Roys à eux accordez, continuez,
confirmez & octroyez : Pour par eux & leurs fucceffeurs
en ioüyr & vfer, tout ainfi & en la mefme forme & maniere qu'ils en ont cy-deuant bien & deüement ioüy &
vfé, ioüyffent & vfent encores de prefent. SI DON-
NONS EN MANDEMENT A nos amez &
feaux Confeillers, les Gens tenans noftre Cour de Parlement à Roüen, Cour des Aydes, & Chambre de nos Comptes audit lieu : Treforiers generaux de France, Bailly, Vicomte & tous autres Iufticiers & Officiers qu'il appartiendra : Que du contenu en ces prefentes ils facent, fouffrent
& laiffent ioüyr & vfer plainement & paifiblement lefdits Expofans, fans leur donner ou permettre leur eftre
donné fut ce aucun empefchement ou deftourbier. Lequel fi fait, mis ou donné leur eftoit : le facent incontinent ofter, reparer & remettre au premier eftat & deu :
Nonobftant quelconques ordonnances, mandemens, deffences & lettres à ce contraires, aufquelles Nous auons dérogé & derogeons. Car tel eft noftre plaifir. Et afin que ce
foit chofe ferme & ftable à toufiours, Nous auons fait mettre noftre feel à cefdites prefentes : faouf en autre chofes
noftre droict & l'autruy en toutes. Donné à Paris ou mois
de May : L'an de grace Mil fix cens vnze. Et de noftre

Regne le premier. Signé L O V Y S. Et fur le reply :
Par le Roy , la Royne Regente prefente , P O T I E R. Et
à cofté V I S A. C O N T E N T O R. D V T O S. Et fur le dos
eft efcrit , Regiftrata. Et feellées du grand feel de cire
verte en lacqs de foye rouge & verte· Et fur ledit reply
eft encores efcrit :

*Regiftrées és Regiftres de la Cour des Aydes en Norman-
die , du confentement du Procureur general du Roy , pour
iouyr par les Impetrans , trauaillans actuellement , de leurs
Priuileges ainfi qu'ils ont fait par le paffé : & aux modifications portez par l'Arreft de ladite Cour de ce iourd'huy
dixfeptiefme Iuillet. Mil fix cens qnatorze.*

Signé   D E P L A N E S.

*Regiftrées és Regiftres de la Cour , Ouy le Procureur gene-
ral du Roy , pour iouyr & vfer par lefdits Preuofts , Ouuriers,
Monnoyers & Officiers de la Monnoye de ceftedite Ville feruans actuellement , & trauaillans en icelle & leur fucceffeurs
du contenu aufdites Lettres , ainfi qu'ils en ont cy deuant bien
& deüement iouy & vfé , fuiuant & conformément aux Arrefts donnez fur la verification de pareilles Lettres du Confirmation. A Roüen en Parlement le deuxiefme iour de Iuillet,
Mil fix cens vnze.*

Signé   L O R Y O N.

Extraict des Regiſtres du Conſeil d'Eſtat.

SVR ce qui a eſté repreſenté au Roy en ſon Conſeil, Que la pluſpart des Ouuriers & Monnoyers du ſerment de France, ſe voyans troublez & empeſchez en la ioüiſſance de leurs anciens Priuileges, exemptions de Tailles, & Immunitez à eux accordez par les Roys predeceſſeurs de ſa Maieſté, & par elle confirmez depuis ſon aduenement à la Couronne, negligent de venir trauailler en ſes Monnoyes, & luy rendre le ſeruice qu'ils luy doiuent & au public; attendu le peu d'eſmollument qu'ils en reçoiuent; Le ſalaire qui leur eſt deu pour la fonte, forge & monnoyage de chacun marc d'or & d'argent, eſtant ſi modicque qu'à peine peut il ſuffire pour les frais qu'ils ſont obligez de faire en la fabrication deſdites Monnoyes, à preſent que le prix de tout ce qu'il leur eſt neceſſaire pour l'exercice de leur art eſt preſque doublé : Tellement que ſans la conſideration deſdits Priuileges & Exemptions, il leur ſeroit plus aduantageux d'abandonner leurdit exercice que de le continuer. A quoy ſadite Maieſté voulant pouruoir, & donner ſuiet auſdits Ouuriers & Monnoyers de continuer leurs ſeruices : Et apres qu'aucuns des Preſidens & Conſeillers de ladite Cour des Monnoyes pource mandez ont eſté oüys audit Conſeil. LE ROY EN SON CONSEIL, A ordonné & ordonne, Que leſdits Ouuriers & Monnoyers du ſerment de France, actuellement ſeruans & trauaillans en ſes Monnoyes, ioüiront, comme par le paſſé, de leurs Priuileges, exemptions de Tailles, & Immunitez à eux accordez par les Edicts & Declarations des Roys predeceſſeurs de ſa Maieſté, &

par

CONFIRMATION DES PRIVILEGES
pour les Officiers, Ouuriers, & Monnoyers
de la Monnoye de Roüen.

HENRY par la grace de Dieu, Roy de France : A tous ceux qui ces presentes Lettres verront : Salut. Nos chers & bienamez les Preuoſt, Compagnons, & autrés Ouuriers, & Monnoyeurs de noſtre Ville de Roüen, Nous ont fait dire & remonſtrer ; Que nos Predeceſſeurs Roys de France, pour les recompenſer tant des peines & trauail corporel qu'ils ont & prennent pour la fabrication de noſtre Monnoye, tant en ladite Ville de Roüen, qu'ailleurs où ils ſont tenus aller quand il nous plaiſt les enuoyer en Garniſon, delaiſſant leurs maiſons, qu'auſſi de la ſomme de Cinq ſols pariſis qui leur auoit dés l'origine de leur creation, eſté ordonnée par chacun iour tant ouurant que non ouurant : Leſquels depuis leur auroient eſté diminuez & oſtez, leur ont & à leurs predeceſſeurs & ſucceſſeurs Donné pluſieurs beaux Priuileges, & entr'autres Exemption de Iuriſdiction de tous Iuges, autres que les Maiſtres-Ouuriers de ladite Monnoye, fors & excepté des cas de Larcin, Meurtre, & Rapt : Et de tous Peages, Paſſages, Pontages, Centieſmes, Cinquantieſmes, Chauſſées, Tailles, Equiuallens, Maletoſtes, Guets, Panages, & autres Impoſitions & Subſides quelſconques, impoſez & à impoſer, tant par le paſſé qu'à l'aduenir, de quelque nom que l'on les vueille dire, nommer & appeller : leſquels Priuileges ont par Nous eſté confirmez depuis noſtre aduenement à la Couronne. Et combien que leſdits Expo-

A

4

fans, tant ouurans que non ouurans : marchandans & non
marchandans deuſſent joüyr deſdits Priuileges, ſans y eſtre
moleſtez ny inquietez aucunement : & en ce faiſant eſtre
francs & quittes des Tailles, Peages, Guets, & autres Subſides impoſez & demandez en ladite Ville & autres lieux
de leur demeurance ; meſmes des Tributs de la marchandiſe qu'ils demenent, ceſſant l'ouurage de ladite Mónoye,
par faute d'occupartion & aloy, ainſi qu'il leur eſt permis
par leſdits Priuileges : Ce neantmoins les Maire, Eſcheuins
& Conſeillers de ladite ville de Roüen, ſous vmbre de certaines Lettres par eux nagueres de Nous obtenuës pour la
continuation de leurs Octroys & leuement de nouueaux
deniers, Subſides & Impoſts ſur les Manans de ladite Ville,
s'efforçent cotiſer & rendre leſdits Expoſans contribuables
auſdits Subſides : leur faire payer les Subſides du Pied fourché, de Cinq & Quinze ſols pour muid de Vin : Iceux aſ-
ſubjettir à faire le Guet, payer Huictieſme, Vingtieſme,
Peages, Paſſages de leurs Marchandiſes, ſous couleur que
par leſdites Lettres, par ſurpriſe, & pour les y faire contri-
buër, ils ont fait mettre ces mots; exempts & non exempts,
priuilegez & non priuilegez : Et à ce ſont contraints leſdits
Expoſans tant par la ſaiſie de leurs biens, qu'empriſonne-
ment de leurs perſonnes : Et ſi ils ſont, pour raiſon de ce,
à tort moleſtés par leſdits Eſcheuins & Cóſeillers de Roüen,
Ils le ſont encores plus par les Habitans des Villages eſquels
ils ont quelques petites maiſons, terres, & poſſeſſions eſ-
quelles, l'ouurage de la Monnoye ceſſant par faute de matiere ou autrement, quand il nous plaiſt faire clorre la Mónoye, ils ſe retirent pour viure, n'ayans autre moyen, meſtier ny marchandiſe : Car leſdits Habitans les veulent contraindre payer Tailles eſdits lieux, & de faict les y cotiſent
ſous vmbre qu'ils diſent, qu'ils ne ſont exempts de Tailles
ſinon au lieu où eſt la Monnoye aſſiſe, auquel ils doiuent
faire reſidence ; En maniere que ſils reſident hors dudit
lieu, ils ſont cotiſables à icelles ; dont ils diſent auoir ordon-

nance par eſcrit de feu nôtre treſhonoré Sieur & Pere, que
Dieu abſolue: & par ce moyen ſont iceux Expoſans inquietez contre la teneur deſdits Priuileges, par leſquels le lieu
de leur demourance n'eſt limité : & plus ſeront ſi par Nous
ne leur eſt ſur ce pourueu, humblement requerans declarer nos vouloir & intention; & ſur ce leur impartir nos Lettres & prouiſion. SCAVOIR FAISONS, Que apres
auoir mis ledit affaire en déliberation, & fait voir en noſtre
Conſeil priué leſdits Priuileges cy attachés ſous noſtre contre ſeel, en enſuiuant le vouloir de noſdits Predeceſſeurs,
& pour pluſieurs autres iuſtes côſiderations à ce nous mouuans, par l'aduis & déliberation des Gens de noſtredit Conſeil priué; Auons dit & declaré, & de noſtre certaine ſcien-
ce, grace ſpecial, plaine puiſſance & auctorité Royal, diſons,
declarons, voulons par ceſdites preſentes, & nous plaiſt (encores que par nos Lettres octroyées auſdits Côſeillers & Eſcheuins de Roüen, tant pour la continuation de leurs Octrois anciens, que leuement & perception de Subſides nouueaux, Nous ayons mandé, les exépts & non exempts eſtre
contraints au païement d'iceux; neantmoins Nous n'auons
entendu, comme encores n'entendons leſdits Expoſans,
leurs femmes, familles, enfans & ſucceſſeurs eſtre aucunement comprins ne contribuables auſdits Octrois, Subſides & Peages : Et voulons, que tant pour le preſent que
l'aduenir ils ſoient d'iceux, francs, quittes & exempts: Et de
tous Peages, Paſſages, Pontages, Riuages, Tributs, Subſides, Impoſitions, Emprunts, Huictieſmes, Dixieſmes,
Vingtieſmes, Centieſmes & Cinquantieſmes, deſdits Impoſts; de Cinq & Quinze ſols pour muid de Vin : de Tailles, creuës, augmétations d'icelles, & generallement de tous
Subſides mis & à mettre, tant pour le preſent qu'à l'aduenir, par quelque cauſe que ce ſoit, & de quelque nom que
l'on les vueille ou puiſſe appeller; Ainſi qu'en joüiſſent les
Preuoſt, Monnoyeurs, & Ouuriers de noſtre Monnoye de
Paris, ſelon leſdits Priuileges, ſans aucune reſtrinction; &

qu'ils puiſſent eſtre contrainᶜts au payement d'iceux; meſmes des Tailles, en quelque lieu qu'ils ſoient demourans:
& pour quelque clauſe qui ſoit miſe & appoſée aux Lettres
qui ſur ce ſeront, ou pourront eſtre expediées : Encores que
par leſdites Lettres ils y fuſſent nommément & ſpecialement comprins, & que l'on les y voulſiſt pretendre comprins ſous ceſdits mots, exempts & non exempts. Et auons
inhibé & defendu, inhibons & defendons auſdits Conſeillers & Eſcheuins de Roüen; Collecteurs & Aſſeeurs d'icelles, & des lieux de la demourance deſdits Expoſans preſens
& à venir, & tous autres qu'il appartiendra, & qui auront
le gouuernement & adminiſtration deſdits deniers, de cy-
apres n'y cotiſer, impoſer, ne trauailler & contraindre leſdits Expoſans, leurs femmes, familles, enfans & ſucceſſeurs, pour raiſon de ce que deſſus : ny au payement du
total ou de partie deſdits Subſides, Tailles, Emprunts, &
Impoſts, ſur peine de la reſtitution du quadruple; deſpens,
dommages & intereſts enuers iceux Expoſans : Leſquels,
ſuiuant leſdits Priuileges, Nous auons d'iceux quittez &
exéptez : quittons, exemptons & deſchargeons à touſiours:
& voulons qu'ils ſoient rayez & effacez des Rolles des cotiſez, Regiſtres & departemens deſdits deniers, Sans qu'ils
y puiſsent cy-apres eſtre comprins en aucune maniere. Et
ſi par inaduertance des ſuſdits Maire, Eſcheuins, Aſſeeurs,
Collecteurs, & autres nos Officiers ils y eſtoient comprins
ou cotiſez, & pour ce leurs perſonnes & biens ſaiſis & arreſtez; Ils ſoient par le premier de nos Officiers des lieux que
à ce faire commettons, en vertu de ces preſentes, ou du Vidimus ſous noſtre contre-ſeel; auquel voulons foy eſtre adjouſtée cóme au propre Original, deſſaiſis, & mis à plaine
deliurance, ſans aucune figure de procez; Nonobſtant Lettres, Edicts, Arreſts, Sentences ou Ordonnances à ce contraires : Meſmes les Lettres obtenuës par leſdits Cóſeillers &
Eſcheuins pour la perception deſdits droicts, par leſquelles
Nous leur aurions permis contraindre les exempts au payement

ment d'iceux : Aufquelles, & à la derogatoire de la derogatoire d'icelles , Nous auós derogé & derogeós de nos grace
& auctorité que deffus par cefdtes prefentes : Pourueu que
lefdits Expofans ayent actuellement & fans fraude exercé
par le pafsé & exercent encores de prefent le faict & eftat
de Monnoyeurs, & qu'à iceluy ils ayent efté receuz & fait
le ferment , fuiuant les Ordonnances par Nous & nos Predeceffeurs faites fur le faict defdites Mónoyes. SI DON-
NONS EN MANDEMENT A nos amez &
feaux Confeillers , les Gens tenans noftre Cour de Parlement à Roüen, Generaux de la Iuftice des Aides, Bailly, &
Preuoft dudit lieu : Gens de nos Comptes : Treforiers generaux fur le fait de nos Finances,& à tous nos autres Iufticiers & Officiers & à chacun d'eux , fi comme à luy appartiendra : faire ioüyr lefdits Expofans plainement & paifiblement du contenu en cefdites prefentes : Ceffans & faifans ceffer tous troubles & empefchemens au contraire :
Nonobftant,cóme deffus,& quelconques autres lettres à ce
contraires. En tefmoin de ce, Nous auons fait mettre noftre feel à cefdites prefentes. Donné à Villars-Coftretz le
dix huictiéme iour d'Aouft, l'An de grace Mil cinq cens
cinquante deux : Et de noftre Regne le fixiefme.
Et fur le reply eft efcrit ; Par le Roy en fon Confeil,
Signé BVRGENSIS.   Et feellées fur double queuë du
grand feau en cire jaulne.

Tovs ceux qui ces prefentes Let-
tres verront. Anthoine du Prat Cheualier, Seigneur de Nantoüillet, de Precy,& de Rozoy,Ba-
ron de Thiert,& de Toury; Confeiller du Roy noftte Sire,
Gentil-homme ordinaire de fa Chambre , & Garde de la
Preuofté de Paris, Salut; Sçauoir faifons, Que l'An de grace Mil cinq cens foixante-vn , le Samedy faiziefme Aouft,
Par Adrian Arragon, & Iacques Ioyeulx Notaires du Roy

noſtredit Sire ou Chaſtelet de Paris ; Furent veuës, leuës, tenuës, collationnées & vidimées de mot apres autre, les Lettres patentes deſquelles la teneur enſuit. FRANÇOIS par la grace de Dieu, Roy de France : A tous preſens & à venir, Salut. Sçauoir faiſons , Que Nous auons receu l'humble ſupplication de nos chers & bien-amez Les Preuoſts, Ouuriers, Monnoyers & Officiers de nos Monnoyes du ſerment de France, côtenant que par nos predeceſſeurs Roys leur ont eſté dónez & concedez pluſieurs beaux Priuileges, Franchiſes, Libertez, Exéptions & Immunitez : entr'autres que au lieu & pour la recópenſe des Cinq ſols pariſis de Gages qui leur auoiét dés leur creation eſté ordónez par chacun iour ferial ou non ferial, ouurant & non ouurât monnoyans & non mónoyans: Comme auſſi pour le grand trauail corporel qu'ils ſeuffrent & prennent pour la fabrication de nos Monnoyes, quand il Nous plaiſt toutes autres leurs negotiations & affaires ceſſans, à iceux Supplians, leurs femmes & famille, a eſté concedé & octroyé d'eſtre exempts de la Iuriſdiction de tous Iuges, autres que les Generaux de nos Monnoyes ou noſtre Preuoſt de Paris ; fors & excepté les cas de larcin, meurtre & rapt : Auſſi d'eſtre frács, quittes & exépts de toutes Tailles, Equiual, leurs Couſtumes, Peages, Paſſages, fuſt pour raiſon de marchádiſe ou autrement : Quatrieſme, Huictieſme, Treizieſme, Vingtieſme, Cinquátieſme, Centieſme, Haſſées, Subſides, Hotz, Cheuauchées, Impoſitions pour la Solde des cinquante mille hommes de pied, Cruë du Taillon, Entrées de Ville, Fortifications & reparations d'icelle ; Guets, Emprunts : & generallement de toutes Subſides, Impoſitions, Subuentions, & Superindictions : Attendu meſmement que quand le cas le requiert, Ils ſont contraincts (en delaiſſans leurs femmes & familles) aller demourer en tels pays & endroits de noſtre Royaume qui leur eſt ordonné par leurſdits Preuoſts. Deſquels Priuileges, Exemptions, Franchiſes, & Libertez, leſdits Supplians, & leurs femmes & veſues ont par

cy deuant joüy & vfé plainement & paifiblement; & par fi
long-temps qu'il n'eft memoire du contraire : foit qu'ils
fufent demourans ou non demourans és Villes & Banlieuës où l'on forge Monnoye, & de ce, ont obtenu Lettres, de Confirmation de nos Predeceffeurs de regne en
regne, qui ont efté verifiées & enterinées tant en nos Cours
de Parlement, Chambre des Comptes, qu'autres Iuftices
& Iurifdictions à ce requifes : Et mefmes par Lettres en
forme de Chartre de feu noftre tref-honoré Seigneur &
Pere le Roy dernier decedé, que Dieu abfolue, données à
Fontainebleau au mois de Septembre 1547. verifiées és
lieux & endroits où il a appartenu. Ce neantmoins fous
couleur que par les Lettres de Commiffion pour impofer,
prendre, cueillir & leuer aucunes Subfides & Impofitions
feroit porté & contenu, lefdites Subfides & Impofitions
eftre prins, cueilliz & leuez fur les exēpts & non exempts:
priuilegez & non priuilegez; Aucuns de nos Officiers ont,
& veulent contraii dre lefdits Supplians à côtribuër aufdits
Subfides & Impoftz, tant par faifie de leurs biens, que par
emprifonnement de leurs perfonnes; Qui feroit deftruire
& enerver leurs Priuileges anciens : Au moyen dequoy
lefdits Supplians feroient recouruz à Nous, & fait tref-hum-
blement fupplier & requerir fur ce leur pouruoir. P O V R-
CE EST-IL, Nous voulans traitter lefdits Supplians de
mefme faueur qu'ont accouftumé faire nos Predeceffeurs:
Et apres qu'il nous eft apparu en noftre priué Confeil des
Lettres de Priuileges en forme de Chartres, obtenuës par
lefdits Supplians ou leurs predeceffeurs; mefmes du Roy
Philippes le Bel de l'an 1296. du Roy Iean, de l'an 1350.
du Roy Charles, de l'an 1365. Autres du Roy Charles, de
l'an 1380. du Roy Loüys XI. de l'an 1461. du Roy Loüys
XII. de l'an 1498. du Roy François premier de ce nom,
noftre ayeul, de l'an 1514. Et de feu noftre tref-honoré Seigneur & Pere, que Dieu abfolue, de l'an 1547. Et pour
plufieurs autres iuftes caufes & confiderations à ce Nous

mouuans, Tous & chacuns lefdits Priuileges, Couftumes,
Franchifes, Exemptions & Libertez, Immunitez aufdits
Supplians & à leurs predeceffeurs octroyez & concedez
par nos Predeceffeurs; Auons continuez & confirmez : &
de nos certaines fciéce, plaine puiffance & authorité Royal,
Continuons, confirmons, approuuons & ratifions; pour
d'iceux joüyr & vfer par'lefdits Supplians & leurs fucceffeurs, tant & fi auant & par la forme & maniere qu'ils, &
leurfdits predeceffeurs en ont cy-deuant deuëment & iu-
ftement joüy & vfé; joüiffent ou doiuent joüyr & vfer encores de prefent. SI DONNONS EN MANDEMENT
par ces mefmes prefentes, A nos amez & feaux Confeillers
les Gens tenans nos Cours de Parlement, Chambre des
Comptes, Court des Aides, Generaux des Monnoyes, Treforiers generaux fur le faict de nos Finances; Chambre de
noftre Trefor, Baillifs, Preuoftz, Vicomtes, Preuoftz des
Marchands, Efcheuins, Maires, & Efleuz, & à tous nos autres Iufticiers & Officiers prefens & à venir, & chacun d'eux
fi cóme à luy appartiendra: Que de nos prefens continuation & confirmation, & de tout le contenu en ces prefentes, ils facent, feuffrent & laiffent lefdits Supplians & leurs
fucceffeurs & vefues, ioüyr & vfer plainement & paifiblement, & perpetuellement, fans en ce leur faire, mettre ou
donner, ne fouffrir eftre fait, mis ou donné aucun trouble
ou empefchement au contraire. Et lequel fi fait, mis ou
donné leur auoit efté ou eftoit : oftent & mettent, ou facent ofter & mettre incontinent & fans delay, à plaine &
entiere deliurance, & au premier eftat & deu. Car tel eft
noftre plaifir. Nonobftant les Lettres d'Edit du mois de
Iuillet 1553. Et quelconques autres Edits, reftrinctions,
modifications, & autres Lettres, impetrez ou à impetrer,
à ce contraires: Aufquelles, & aux derogatoires des derogatoires y contenuz, Nous auons de nofdites fciences &
authorité que deffus, pour le regard defdits Supplians, derogé & derogeons par cefdites prefentes: Pourueu qu'iceux

fup-

cens soixante & vn. Et de noftre regne le premier.
Signé, Par le Roy, à la relation du Conseil. LE ROY.
Et seellé de cire jaulne fur simple queuë. Plus estoit escrit au bas desdites Lettres: *Regiſtrata , audito Procuratore
generali Regis pro gaudendo per Impetrantes effeĉtu præſentim,
pro vt antea ritè & reĉte vſi ſunt , & nunc vtuntur. Pariſŷs
in Parlamento vigeſima Iunŷ , anno Domini Milleſimo quingen-
teſimo ſexageſimo primo.* Signé, DV TILLET. *Regiſrata
ſimiliter & ſub ſimili conditione , In Camera Computorum, Domini noſtri Regis , vigeſima ſexta Iunŷ , anno ſupra ſcripto, audito & conſentiente Procuratore generali.* Signé, LE MAISTRE.

*Leuës, & enregiſtrées en la Cour des Aydes à Paris , ce con-
ſentant le Procureur general du Roy , ſuyuant l'Arreſt d'icelle donné ce iourd'huy. Fait le dix-huiĉtieſme iour de Iuillet , Mil cinq
cens ſoixante & vn.* Signé, LE SVEVR. Et au dos d'at-
tache desdites Lettres estoit escrit : *Leües , publiées & enregiſtrées en la Chambre du Treſor, pour iouïr par les Impetrans
des Priuileges y mentionnez, ſelon & ainſi que bien & deuëment
ils'en ont iouÿ par cy deuant : ſur ce ouy le Procureur du Roy en
ladite Chambre qui l'a ainſi conſenty. Fait aud't Treſor le quatrieſme iour d'Aouſt , l'An Mil cinq cens ſoixante & vn.*
Signé, DV FRESNOY. En tesmoin de ce, Nous, à
la relation desdits Notaires , auons fait mettre à ces presentes le seel de ladite Preuosté de Paris ; qui furent
par eux vidimées & collationnées les iour & an susdits;
Pour seruir aux Preuostz , Ouuriers & Monnoyers de
la Monnoye de Roüen , & non à autres, ne a autres
Monnoyes. Signéz, *Arragon*, & *Ioyeulx*, deux seings
ou paraphes.

*Collation faite aux copies en parchemin cy-deſſus tranſ-
crits , par moy Notaire & Secretaire du Roy , le huiĉtieſme
iour d'Oĉtobre, Mil cinq cens ſoixante-vn.*

Signé,   ROME.   vn paraphe.

CHARLES PAR LA GRACE
de Dieu, Roy de France. A nos amez & feaux Conseillers, les Gens de nos Cours de Parlement, & des Aides à Roüen : Tresorier de France, & General de noz Finances en Normandie, Bailly dudit Roüen ou son Lieutenant, Preuost des Marchands, & Escheuins, Maires, Esleuz, & autres nos Iusticiers & Officiers, & chacun d'eux si comme il luy appartiendra, Salut & dilection. Nos chers bien-amez Les Preuost, Compagnons, Ouuriers, & Monnoyeurs de la Monnoye de France, tenans Garnison, & ouurans actuellement en nostredite ville de Roüen. Nous ont fait dire & remonstrer, Que eux & les autres Preuostz, Ouuriers, & Monnoyeurs dudit serment de France, auroient cy-deuant obtenu, tant de feu nostre tres-honoré Sieur & Frere, le Roy dernier decedé, que de Nous, Lettres de Confirmation de leurs Priuileges, qui ont esté deuëment verifiées en nos Cours de Parlement, Chambre de nos Comptes, Generaux des Aides, & Chambre du Tresor à Paris. Et combien que par icelle soit expressément porté, Que foy sera adjoustée aux Vidimus faits sous seel Royal, comme aux propres Originaux : Toutesfois à la presentation qui vous a esté faite desdits Vidimus, Vous gens de nostredite Cour de Parlement auez differé de proceder à la verification & enterinement desdites Confirmations ; & ordonné, que suiuant la requisition de nostre Procureur general, communication luy seroit faite de l'Original d'icelle : Ce que seroit impossible faire ausdits Exposans, d'autant que lesdits Originaux sont demourez éz mains des Preuost, Ouuriers, & Monnoyeurs de France à Paris, qui les ont

pourſuiuiz & obtenuz : Et partant ne ſ'en veulent deſſaiſir.
Au moyen dequoy leſdits Expoſans Nous ont treſ-hum-
blement ſupplié & requis leur pouruoir. NOVS, à ces
cauſes, deſirans leur ſubuenir, & leſdites Confirmations
auoir lieu & ſortir leur plain & entier effect, apres qu'il
nous eſt apparu deſdits Vidimus faitz ſous le ſeel de la
Preuoſté de Paris; enſemble de voſtredite ordonnance, le
tout cy attaché ſous le contre-ſeel de noſtre Chancellerie.
VOVS MANDONS, & à chacun de vous commet-
tons & enjoignons treſ-expreſſément, Que vous ayez à
proceder à la verification & enterinement de la Confirmation de leurſdits Priuileges, & en faire joüyr & laiſſer
joüyr leſdits Expoſans, tout ainſi & par la forme & maniere que vous feriez & pourriez faire ſur leſdits Originaux : & ſans qu'ils ſoient tenus vous en faire autrement
apparoir; Dont, attendu ce que dit eſt, Nous les auons releuez & releuons par ces preſentes. Car tel eſt noſtre plaiſir. Nonobſtant, comme deſſus, & quelcõques ordonnances, reſtrinctions, mandemens, defences, & lettres à ce
contraires. Donné à S. Germain en Laye, le 12. iour de
Ianuier, L'an de grace Mil cinq cens ſoixante-vn. Et de
noſtre Regne le 2. Et au bas deſdites Lettres eſtoit
eſcrit : Par le Roy en ſon Conſeil, Signé DE LOMENIE.
vn paraphe, & ſeellées ſur ſimple queuë du grand ſeau de
cire iaulne. Et outre ſur la marge deſdites Lettres eſtoit
eſcrit : *Ces preſentes enregiſtrées en la Cour des Aides à Rouën:*
Ce iourd'huy ſixieſme iour de Mars Mil cinq cens ſoixante-vn.
Suiuant l'Arreſt d'icelle de cedit iour. Signé, DV FOVR, vn
paraphe.

Xtraict des Regiſtres de la Cour
de Parlement. Sur l'enterinement requis &
demandé par les Preuoſts, Compagnons, &
Monnoyers de la Monnoye de France, tenans
Garniſon pour ouurer & monnoyer en la Monnoye du

Roy à Roüen de certaines lettres patentes dudit Seigneur, données à S. Germain en Laye le 12. iour de Ianuier dernier passé, Contenant confirmation à eux faicte de leurs Priuileges ; Oüy sur ce le Procureur general du Roy : Et le Rapport du Conseiller Commissaire ; Tout consideré : Il est dict, du consentement dudit Procureur general, Que lesdites lettres patentes de Confirmation dessus dabtées, seront enregistrées au Greffe de ladite Cour, pour du contenu en icelles joüyr & vser par lesdits Supplians ainsi que iustement ils ont fait par cy deuant : Parce qu'ils seront tenus de plaider par deuant les Iuges ordinaires des lieux, en toutes causes ciuilles & criminelles qui ne concerneront les fautes commises en leurs estatz & offices. Prononcé à Roüen en Parlement le septiesme iour de Féurier Mil cinq cens soixante & vn. Signé DE CROISMARE vn paraphe.

EXtraict des Registres de la Cour des Aides en Normandie.

Sur la Requeste presentée par les Preuosts, Compagnons, Ouuriers & Monnoyers de la Monnoye de France, tenans Garnison & ouurans actuellement en la Monnoye du Roy à Roüen: A ce que par ladite Cour, Il fust procedé à l'enterinement & verification des Lettres patentes dudit Sieur, données à S. Germain en Laye le 12. Ianuier dernier passé, contenant la Confirmation de leurs Priuileges : VEV par la Cour ladite Requeste, ensemble lesdites Lettres, & responce à icelles du Procureur General du Roy, auquel le tout auroit esté communiqué : Il est dict, en enterinant ladite Requeste, & du consentement dudit Procureur General : Que lesdits Supplians auront lettre de la presentation desdites Lettres de Confirmation, lesquelles seront enregistrées au Greffe de ladite Cour, pour en joüyr & vser par lesdits Supplians ainsi que par le passé ils ont fait, & selon la teneur desdites Lettres, sans aucune chose innouer:

Parce

Parce toutesfois que ſi aucun deſcord ou different en
aduient, à raiſon des Aides, Tailles, Subſides ou Impoſitions : les adiournemens & aſſignations en ſeront faites
à côparoir en ladite Cour, pour en icelle, & non ailleurs, leſdits deſcords & differens eſtre iugez & decidez, ainſi qu'il
appartiendra. Fait en ladite Cour des Aides à Roüen, le
ſixieſme iour de Mars, Mil cinq cens ſoixante vn. Signé
Dv Fovr, vn paraphe.

IACQVES DE BREVEDENT, Conſeiller du Roy
nôtre Sire, Lieutenãt general ciuil au Bailliage de Roüen.
Apres auoir veu la Requeſte preſentée par les Preuoſts
Conpagnons, Ouuriers & Monnoyeurs de la Monnoye
de France, tenans Garniſon & ouurans actuellement en
ceſtedite Ville : Tendant à ce qu'il ſoit par Nous accordé
l'effect & enterinement des Lettres & Confirmation de
leurs Priuileges, à eux octroyez tant par le Roy François
dernier decedé, que par le Roy Charles noſtredit Sieur à
preſent regnant : ſuiuant les Lettres de Iuſſion dudit Sieur,
données à S. Germain en Laye le 12. iour de Ianuier dernier paſſé : Veu auſſi le Vidimus deſdites Lettres de Confirmation : Les premieres dudit feu Roy dernier, données
à Fontainebleau ou mois d'Aouſt 1560. Les ſecondes du
Roy Charles à preſent, données à Paris le 13. iour de Iuin
1561. Lettres de Iuſſion deſſus dabtées : Concluſion baillée par le Procureur du Roy ſur ladite Requeſte, eſcrite
au bas d'icelle, en dabte du 10. iour de ce preſent mois de
Mars : Noüs, du conſentement dudit Procureur du Roy :
Auons, en tant que nous eſt, & à noſtre Office appartient,
Conſenty & accordé : conſentons & accordons auſdits
Monnoyeurs Supplians, l'effect & enterinement de leurſdites Lettres, & Confirmation : Et ordonné, Qu'elles ſeront enregiſtrées au Greffe dudit Bailliage, pour y auoir
recours quand meſtier ſera : dont leſdits Monnoyers ont requis ces preſentes. Donné audit Roüen le 12. iour de Mars
1561. Signé DE BREVEDENT, & FAVTREL, chacun vn
paraphe. Collationné aux Originaux par moy Notaire &
Secretaire du Roy. Signé, NICOLAS.   A 4

MONSEIGNEVR, Monſieur de Montmorency, Pair & Mareſchal de France, & Gouuerneur de Paris.

Supplient humblement les Preuoſtz, Compagnons, Ou-uriers & Mónoyers de la Garniſon de la Monnoye de ce-ſte Ville de Roüen; Qu'il vous plaiſe mondit Sieur enten-dre, que de tout temps leſdits Supplians ſont francs, quittes, exempts de Tailles, Peages, Paſſages; Quatriémes, Huictié-mes, Octz, Impoſtz, Emprunts, Garniſons, Logemens de Soldats ; & generallement de toute Subuention quelcon-que, Pour recópenſe des Cinq ſols pariſis de Gages qui leur auoient dés leur creation eſté ordonnez par chacun iour fe-rial & non ferial : ouurant & non ouurant; monnoyans & non monnoyans. Iouxte & ſuiuant la forme & teneur de leurs Priuileges, à eux donnez, octroyez & reconfermez de par nos predeceſſeurs Roys de France; & ſpecialement de noſtre treſ-honoré Prince & Seigneur le Roy noſtre Sire à preſent regnant, & dont la copie eſt cy attachée; Et neantmoins mondit Sieur; aucuns deſdits Supplians ſont trauaillez du logement des Soldats eſtans en gar-niſon en ceſtedite Ville. A ces cauſes, Il vous plaiſe, mondit Sieur, les exempter; Et en ce faiſant prieront Dieu pour voſtre proſperité & ſanté. Signé, *Le Chandelier*, Preuoſt, & *D. Nepueu* Lieutenant, chacun vn ſeing & paraphe. Et au bas eſtoit eſcrit.

LE Duc de Montmorency, Pair & Mareſchal de France. VEV par Nous les Priuileges donnez & concedez par le Roy & ſes Predeceſſeurs, Aux Preuoſtz, Compagnons, Ouuriers & Monnoyers de la Garniſon de la Monnoye de ceſte Ville de Roüen, par leſ-quels, Ils ſont francs & quittes de tous droicts deuz, & que ſa Majeſté a accouſtumé de prendre & leuer ſur tous & chacuns de ſes autres ſubiects : Nous, pour ſatisfaire à l'in-tention de ſadite Majeſté, & ſuiuant leſdits Priuileges; Mandons & treſ-expreſſement defendons à tous Capitai-nes : Lieutenans, Enſeignes, Mareſchaux des logis, &

Fourriers, tant de cheual que de pied ; Et toûs autres qu'il appartiendra, De ne loger, faire ou souffrir loger; ores ny à l'aduenir, ny prendre, impofer ny cotifer aucuns chofe és maifons des Supplians : d'autant que Nous les auons prins, mis : prenons & mettons par ces prefentes, en la protection & fauuegarde du Roy, & noftre : Pour les maintenir, en leurfdits Priuileges, fur peine aux contre-uenans d'encourir l'ire & indignation de fadite Majefté,& d'eftre punis exemplairement, comme defobeiffans & infracteurs de fes Ordonnances. En tefmoin dequoy Nous auons figné la prefente, & fait cacheter du cachet de nos armes. Fait à Roüen le 26. d'Auril 1571. Signé MONTMORENCY. Et feellé en cachet de cire vermeil. Et au bas: Signé DERDSY, vn paraphe. Et au deffous efcrit.

L'AN Mil cinq cens foixante vnze, le 29. iour d'Auril: A la Requefte des Preuoftz, Compagnons, Ouuriers, & Monnoyers de la Garnifon de la Monnoye de la ville de Roüen, Supplians nommez cy deffus. IE Nicolas de Chevremont Huiffier ordinaire du Roy en fes Priué & grand Côfeil: Certifie que ledit iour & an, me fuis retiré en l'Hoftel de la Ville dudit Roüen, où illec eftoient affemblez Meffieurs le Seigneur Notaire & Secretaire du Roy: Pierre Rocque fieur du Geneftay, & Iacques Thorel Confeillers de ladite Ville & Maiftre Iacques Lermitte Procureur d'icelle. Aufquels, parlant à leurs perfonnes, Ie leur ay, enfemble aux Manans & Habitans d'icelle Ville, fignifié & fait deuëment affauoir le contenu en la prefente Requefte & Ordonnance d'icelle cy deuant tranfcrite, à ce qu'ils n'en pretendent cy apres caufe d'ignorance : Lefquels m'en ont requis copie que leur ay octroyée. Et ledit iour & an, en vertu d'icelle Requefte & Ordónance; & à la requefte defdits Supplians, me fuis tranfporté éz hoftelz & domiciles & par deuers Thomas du Pont, Iean Vimont, Pierre le Féure, & Georges Romé Quarteniers de ladite Ville : Aufquels, parlant aux perfonnes defdits du Pont, le Féure, & Romé, & audit Vimont à fa femme ; Ie luy ay fait pareille & femblable

signification, comme fait auois aufdits Confeillers & Procureur; leur declarant, parlant comme deffus, que laifferois
copie d'icelle Requefte & de mondit Exploict aufdits Confeillers; Laquelle copie, enfemble de mondit Exploict ay
baillée aufdits Côfeillers & Procureur. Fait le iour & an que
deffus. Signé *De Cheuremont* vn paraphe. Et plus bas eftoit efcrit:

AV iourd'huy, 4. iour de May 1571. A la requefte de
Guillaume le Boucher, Monnoyer de la Monnoye
de Roüen, prefent: Ie, Huiffier ordinaire du Roy en fon
Priué & grand Confeil; Certifie m'eftre tranfporté par
deuers Monfieur le Capitaine Mortan, eftant logé prez S.
Viuian, Auquel: parlant à fa perfonne: I'ay monftré, fignifié & fait deuëment affauoir le contenu en la prefente
Requefte & Ordonnance d'icelle cy deuant tranfcrite, à
ce qu'il n'en pretende cy apres caufe d'ignorance. Fait
comme deffus. Signé *De Cheuremont* vn paraphe.

Collation faite à l'Original efcrit en papier cy deffus tran-
fcrit, veu fain & entier en faings, feel & efcrits; Par nous
Pierre Cheuance Tabellion Royal & heredital à Roüen, &
Iean le Myre fon adioinct; le 17. iour de May 1571. Signé
Cheuance, & *Le Myre* chacun vn paraphe.

HENRY par la grace de Dieu, Roy
de France & de Pologne: A tous ceux qui ces prefentes Lettres verró: Salut. Nos chers & bien-amez
les Preuoft, Ouuriers, Monnoyers, & Officiers de la Monnoye de noftre Ville de Roüen, Nous ont fait dire & re-
mouftrer; Que nos Predeceffeurs Roys de France, pour
les recompenfer tant des peines & trauail corporel qu'ils ont
& prennent pour la fabrication de noftredite Monnoye,
tant en ladite Ville de Roüen, qu'ailleurs où ils font tenuz
aller quád il nous plaift les enuoyer en Garnifon, delaiffant
leurs maifons, qu'auffi de la fomme de Cinq fols parifis qui
leur auoit dés l'origine de leur creation, efté ordonnée par
chacun iour tant ouurant que non ouurant: lefquels depuis
leur

leur auroient esté diminuez & ostez, Leur ont & à leurs predecesseurs & successeurs Dóné plusieurs beaux Priuileges, & entr'autres Exemption de Iurisdiction de tous Iuges, autres que
les Preuostz, Maistres, & Ouuriers de ladite Monnoye, fors &
excepté des cas de Larcin, Meurtre, & Rapt : Et de tous Peages, Passages, Pontages ; Centiesmes, Cinquantiesmes, Quatriesmes, Chaussées, Hostellages, Tailles, Equiuallent, Maleto-
stes, Guets, & Garde de portes, Sentinelles, Panages, & autres Impositions & Subsides quelconques, imposez & à imposer, tant par le passé qu'à l'aduenir, de quelque nom que on les
vueille dire, imposer & appeller : Lesquels Priuileges ont par
Nous esté confirmez depuis nostre aduenement à la Couróne,
dés le mois de May 1575. dernier. Et combien que lesdits Exposans, tant ouurans que non ouurans : marchandans & non
marchandans, deussent joüyr desdits Priuileges, sans y estre
molestez ny inquietez aucunement : Ce neantmoins les Escheuins & Cóseillers de ladite ville de Roüen, ou les Fermiers tenans lesdits Subsides & Imposts, s'efforçent cotiser & rendre
lesdits Exposans contribuables ausdits Subsides : leur faire payer
le droict de Pied-fourché : Les Impostz de Douze sols six deniers, & Deux sols six deniers tonrnois pour muid de Vin : ou
autres vaisseaux à l'equipolent : Acquits de Vicóté, Emprunts,
Quatriesmes, Huictiesmes, Vingtiesmes. Et iceux assubjettir
aux Guets, Gardes des portes & Sétinelles, Peages, Passages de
leurs Marchandises, & autres Impostz, & Emprunts, tant generaux que particuliers : sous couleur que par surprise ou autrement, ils auroient fait mettre ces mots; exépts & non exempts,
priuilegez & non priuilegez, en quelques Lettres qu'ils pour-
roient auoir obtenuës : Contraignans à ce lesdits Exposans tant
par la saisie de leurs biens, qu'emprisonnement de leurs personnes : Et si ils sont, pour raison de ce, à tort molestéz par lesdits
Escheuins Conseillers de Roüen, Fermiers ou autres : ils le sont
encores plus par les Habitans des Villages esquels ils ont quelques petites maisons, terres, & possessions esquelles, l'ouurage
de la Monnoye cessant par faute de matiere ou autrement,
quand il nous plaist faire clorre la Mónoye, ils s'y retirent pour

A 5

viure,& faire profiter leur bien, en attédant qu'il y ait ouurage
en ladite Mónoye. Car lefdits Habitans les veulent contraindre payer Tailles efdits lieux,& de faict les y cotifent fous vmbre qu'ils difent, qu'ils ne font exépts de Tailles finon au lieu
où eſt la Monnoye affife, aufquels ils doiuent faire refidence;
en maniere que s'ils refident hors dudit lieu, ils font contribuables à icelles; Et par ce moyen font iceux Expofans inquietez
côtre la teneur defdits Priuileges, par lefquels les lieux de leurs
demourances n'eſt limité: & mefmes,au mépris & contemne-
ment des Confirmations & Declarations à eux octroyées, tant
par Nous,que nos predeceffeurs Roys,dót les copies deuëment
collatiónées font cy attachez fouz le contrefeel de noſtre Chã-
cellerie: Et fi feroient par cy apres plus inquietez fi par Nous
ne leur eſt fur ce pourueu, humblemét requerans declarer noſ
vouloir& intention fur ce; & leur impartir nos Lettres de prouifion à ce neceffaires. SÇAVOIR FAISONS, Que Nous defirans fubuenir aufdits Expofans (bien memoratifs defdits Priuileges) & apres auoir fait voir en noſtre Cófeil lefdites Cófirma-
tions & Declaratiós accordées aufdits Expofans:En enfuiuất le
vouloir & intention de nofdits predeceffeurs Roys,& pour autres bónes & iuſtes cófiderations à ce nous mouuans:par l'aduis
& déliberation des gens de noſtredit Confeil; Auons dit,& declaré,& de noſtre certaine fcience & grace fpecial,plaine puiſ-
fance & auctorité Royal,difons,declarós,voulons & nous plaiſt
(encores que par importunité ou autrement,lefdits Confeillers
& Efcheuins de Roüen ayét obtenu quelques Lettres de Nous,
ou de nofdits Predeceffeurs,tant pour la continuation de leurs
Octrois anciens,que leuement & perception de Subfides nouueaux) Nous ayons mandé,les exépts & non exempts eſtre có-
traints au païement d'iceux; neantmoins nous n'auons entédu,
cóme encores n'entendons lefdits Expofans, leurs femmes,fa-
mille, enfans & fucceffeurs eſtre aucunemét compris ne contribuables aufdits Octrois, Subfides & Peages:Et voulons, que
tant pour le téps prefent que l'aduenir ils foient d'iceux francs,
quittes & exépts:& de tous Paffages,pótages, Riuages, Tributs,
Subfides,Impofitiós, Emprunts,Quatriémes, Huictiémes,Di-

xiémes, Vingtiémes: Impoſts de Doûze ſols ſix deniers, & Deux
ſols ſix den. tournois pour muid de Vin, & autres vaiſſeaux à l'e-
quipolét: Acquits de Vicomté, Guets & Garde des portes, & Sétinelles, Tailles, creuës, augmétations d'icelles, & generallement
de tous Subſides mis & à mettre, tant pour le preſent qu'à l'aduenir, pour quelque cauſe que ce ſoit, & de quelque nom que l'on
les vueille ou puiſſe appeller; Ainſi qu'en joüiſſent les Preuoſt,
Mónoyeurs & Ouuriers de noſtre Monnoye de Paris, ſelon leſdits Priuileges, & Confirmations d'iceux, ſans aucune reſtrinction; ne qu'ils puiſsét eſtre contraints au païemét d'iceux; meſmes des Tailles, en quelque lieu qu'ils ſoiét demourans: & pour
quelque clauſe qui ſoit miſe & appoſée aux lettres qui ſur ce ſont
ou pourront eſtre expediées: Encores qu'ils y fuſſent nómément
& ſpecialement cópris, & qu'on les y voulſiſt pretédre compris
ſous ces mots; exépts & non exépts. Et auons inhibé & defendu,
inhibons & defédons auſdits Cóſeillers & Eſcheuins de Roüen;
Collecteurs & Aſſeeurs d'icelles, & des lieux de la demourance
deſdits Expoſans, Fermiers ou autres, preſens & à venir, & qui auront le gouuernemét & adminiſtration deſdits deniers, & ſuper-
intendance deſdites Gardes de portes, Guets & Sétinelles, de cy-
apres n'y cotiſer, impoſer, ny trauailler & contraindre leſdits Expoſans, leurs femmes, familles, enfans & ſucceſſeurs, pour raiſon
de ce que deſſus: ny au payemét du total ou partie deſdites Tailles, Emprunts, ou quelques autres Subſides & Impoſts, ſur peine
de la reſtitution du quadruple; déſpens, dommages & intereſts
enuers iceux Expoſans: Leſquels, ſuiuant leurſdits Priuileges, &
Confirmations; Nous les auons quittez & exemptez: quittons
& exemptons & déchargeons à touſiours: & voulons qu'ils ſoient
rayez & effacez des Rolles des cotiſez, regiſtres & departemens
deſdits deniers, Sans qu'ils y ſoiét ou puiſsent cy apres eſtre có-
traints en aucune maniere. Et ſi par inaduertance des deſſuſdits
Cóſeillers & Eſcheuins, Aſſeeurs, Collecteurs, & autres nos Officiers, ils eſtoiét taxez ou cotiſez, & leurs perſonnes & biens ſai-
ſiz & arreſtez; Ils ſoiét par le premier des Officiers des lieux, que
à ce faire cómettons, en vertu de ces preſentes, ou Vidimus d'i-
celles deuëment collationné, auquel voulons foy eſtre adjouſtée

comme au preſent Original, deſſaiſis, & mis à plaine deliurance,
ſans aucune figure de procez ; & le faire joüyr & vſer du droiȼt
de Committimus, ſans permettre qu'il leur ſoit fait, mis ou donné empeſchement au contraire. Nonobſtant Lettres, Ediȼts, Arreſts, Sentences ou Ordonnances à ce contraires, ou quelques
Lettres, encores qu'il fuſt dit, exempts & non exéptz; Auſquelles; Nous auons, de nos graces & auȼtorité que deſſus, derogé &
derogeons, & à la derogatoire d'icelles, par ceſdites preſentes.
Pourueu que leſdits Expoſans ayent actuellemét & ſans fraude
exercé par le paſſé & exercent encores de preſent le faict & eſtat
de la Monnoye, & qu'à iceluy ils ayent eſté receuz & fait le ſerment, ſuiuant l'Ordonnance ſur ce faites. SI DONNONS
EN MANDEMENT à noſtre amé & feal Conſeiller en
noſtre Conſeil priué, le ſieur de Carouges, Cheualier de noſtre
Ordre, Gouuerneur & noſtre Lieutenant general éz Bailliages
de Roüen & Evreux; Et à nos amez & feaux auſſi Conſeillers les
Gens tenans noſtre Cour de Parlement de Roüen, Generaux
de la Iuſtice des Aides, Bailly dudit lieu, Gens de nos Comptes,
Treſoriers de France, & à tous nos autres Iuſticiers & Officiers
& à chacun d'eux, ſi comme à luy appartiendra : faire ioüyr leſdits Expoſans du contenu en ceſdites preſentes : Ceſſans & fai-
ſans ceſſer tous troubles & empeſchemés à ce contraires : Car tel
eſt noſtre plaiſir. Nonobſtant, comme deſſus, & quelcóques autres lettres à ce contraires, impetrez ou à impetrer. En teſmoin
dequoy, Nous auons fait mettre noſtre ſeel à ceſdites preſentes.
Donné à Paris le 5. iour d'Auril, L'an de grace 1576. Et de noſtre Regne le 2. Et ſous le reply eſt eſcrit, *Veu les Lettres patentes*
cy deuant expediées, & autres pieces cy attachées, Signé LE COMTE.
Et ſur le reply eſt eſcrit; Par le Roy en ſon Conſeil, Signé BRV-
LART, vn paraphe. Et ſeellées ſur double queuë du grand ſeau
en cire iaulne. Et à coſté eſt encore eſcrit. *Regiſtrées, Ouy ſur ce le*
Procureur general du Roy, ſuiuät l'Arreſt de ce iourd'huy. A Roüen en Par-
lement le 22. iour de Iuin, 1576. Signé DE BOISLEVESQVE.

Regiſtrées en la Cour des Aides en Normandie, ce iourd'huy 23 iour de
Decembre, 1577. *Ouy le Procureur general du Roy, ſuiuant l'Arreſt de la-*
dite Cour de ce iour. Signé LOVVEL, vn paraphe.

Confirma-

CONFIRMATION DES PRIVILEGES
pour les Officiers, Ouuriers, & Monnoyers de la Monnoye de Roüen.

HENRY par la grace de Dieu, Roy de France & de Pologne : A noftre amé & feal Confeiller en noftre Confeil Priué, Le fieur de Carrouges, Cheualier de nos Ordres, Gouuerneur & noftre Lieutenant general és Bailliages de Roüen, & Evreux ; Et à nos amez & feaux Confeillers Les gens tenans noftre Court de Parlement, & Court de nos Aydes à Roüen ; Bailly & Vicomte dudit lieu ou fes Lieutenans ; Efleus fur le faict de nos Aydes & Tailles en l'Eflection dudit Roüen : Confeillers & Efcheuins de ladite Ville, & chacun d'eux fi comme à luy appartiendra, Salut ; Nos chers & bien amez les Officiers, Maiftre particulier, Ouuriers, Monnoyers, & Taillereffes de noftre Monnoye de Roüen, trauaillans actuellement en icelle; Nous ont, par leur Requefte à Nous prefentée en noftre Confeil d'Eftat, fait dire & remonftrer, Qu'en confideration & pour les Recompenfer des grandes peines & trauail corporel, actuel & perfonel qu'ils ont & prennent ordinairement, quand befoin eft, à la fabrication de nos Monnoyes, tant en noftredite Ville de Roüen qu'autres Villes de noftre Royaume où ils font tenus d'aller quand il nous plaift, & leur eft enjoinct & ordonné par noftre Court des Monnoyes, Que auffi pour les recompenfer de Cinq fols parifis qui leur auoit efté ordóné

de Gages à chacun d'eux lors de leur creation par chacun
iour ferial & non ferial, ouurant & non ouurant, monnoyant & non monnoyant : Nos predecesseurs Roys leur
auroient donné & concedé plusieurs beaux Priuileges qui
leur auroient esté continuez & confirmez depuis le Roy
Philipes le Bel iusques à present ; mesmes par Nous depuis nostre aduenement à la Couróne par nos Lettres : Et
entre autres , exéption de logis de Soldats & Garnisons ;
d'Emprunts tant generaux que particuliers ; de Guets &
Gardes des portes & Sentinelles. Lesquels Priuileges auroient esté par vous verifiez & enterinez, & d'iceux lesdits
supplians joüy & vsé : Ce neantmoins les Cómissaires par
Nous deputés, Cóseillers & Escheuins, Capitaines & autres
ayans charge en nostre Ville de Roüen, ne delaissent de
cotiser lesdits suppliants esdits Emprunts , & les comprendre aux Rolles comme les autres Habitans de ladite Ville,
les faisant semondre & appeller à faire lesdits Guets &
Gardes des portes & Sentinelle ; mulcter d'amendes &
contraindre par execution en leurs biens & emprisonnement de leurs personnes pour le payement d'icelles, à
leur grand prejudice & dommage, contre la teneur de
leurs Priuileges & au mespris d'iceux , qui leur sont bail-
lez à tiltre onereux, & au lieu desdits Gages de Cinq sols
parisis chacun, comme dit est cy dessus ; ayans mesme
depuis quelque temps esté contraints par le commande-
ment de nostre Court des Monnoyes, partie d'iceux quit-
ter & abandonner leurs maisons, femmes & familles, pour
aller trauailler en nostre Mónoye de Paris, & autres, comme il appert par les actes cy attachées : Nous suppliants
& requerants tres-humblement à ceste occasion leur vouloir sur ce pouruoir. NOVS A CES CAVSES,
apres auoir fait voir en nostredit Conseil ladite Requeste,
leursdits Priuileges & verification d'iceux , & autres pieces cy attachées sous le contre-seel de nostre Chancellerie;

DE L'ADVIS DE NOSTREDIT CONSEIL,

Auons dit, declaré & ordonné; difons, declarons & ordonnons par ces prefentes, Voulons & nous plaift, Que
lefdits Officiers, Maiftre particulier, Ouuriers, Mónoyers,
& Taillereffes de noftre Monnoye de Rouën, feruants
actuellement & trauaillans en icelle, joüyront des Priuileges à eux octroyez & confirmez : & y feront maintenus
& gardez ; Et lefquels nous y maintenons & gardons par
cefdites prefentes tant & fi longuement qu'ils continueront le feruice en nofdites Monnoyes. SI VOVS MAN-
DONS, & à chacun de vous, comme dit-eft, commettons & enjoignons par ces prefentes, Que de noftre prefente Declaration & contenu cy-deffus, Vous faites, fouf-
frez & laiffez lefdits Suppliants joüyr & vfer plainement
& paifiblement, fans leur faire ne fouffrir leur eftre fait,
mis ou donné aucun trouble ou empefchement au contraire, ny eftre aucunement moleftez & empefchez en la
joüiffance de leurfdits Priuileges & Exemptions portez
par iceux, ny compris és Rolles auec les autres Habitans
de ladite Ville, foit pour Emprunts, logis de Soldats &
Garnifons, ou pour lefdits Guets, Gardes & Sentinelles,
ny autrement en quelque forte & maniere que ce foit
contre la teneur de leurfdits Priuileges : Voulans à cette
fin qu'ils foient rayez des Rolles où ils auroient efté mis,
Et leur eftre rendu & reftitué ce qu'ils auroient payé pour
ceft effect: Et à ce faire & fouffrir, tous ceux qu'il appartiendra, eftre contraints par toutes voyes deuës & raifonnables, nonobftant oppofitions ou appellations quelconques : Pour lefquelles, & fans prejudice d'icelles, ne voulons eftre aucunement differé. Car tel eft noftre plaifir.
Nonobftant auffi que par les Commiffions expediées &
à expedier, fuft porté, Exempts & non exempts, priuilegez & non priuilegez : efquelles nous n'entendons lefdits
Suppliants eftre compris, ains les en auons exceptez & re-

feruez, exceptons & referuons : Et quelfconques Edicts,
Ordonnances, Mandements, Deffences & Lettres à ce
contraires : Aufquelles & à la derogatoire de la derogatoire d'icelles, Nous auons pour ce regard (& fans tirer
à confequence) derogé & derogeós par cefdites prefentes.
Donné à Paris le 20 iour d'Auril l'an de grace Mil cinq
cents quatre-vingts fept : Et de noftre regne le traifiefme.
Et plus bas eft efcrit; Par le Roy en fon Confeil, Signé
Forget vn paraphe, & feellez fur fimple queuë du grand
fceau de cire jaulne. Et en marge en bas eft efcrit; Au
refultat du 20. Auril 1587. Article vj. c. Et plus bas;
Collation faite à l'original en parchemin par moy Notaire & Secretaire du Roy. Signé Gueroult, vn paraphe.

Confirmation des Priuileges pour les Officiers, Ou-
uriers, & Monnoyers de la Monnoye de Roüen.

ENRY par la grace de Dieu,
Roy de France & de Nauarre : A tous prefens
& aduenir, Salut. Nos chers & bien aimez les
Preuofts, Ouuriers, Monnoyers, & Officiers
de la Monnoye de noftre Ville de Roüen,
Nous ont fait dire & remonftrer; Que nos Predeceffeurs
Roys, pour les recompenfer tant des peines & trauail corporel qu'ils ont & prennent pour la fabrication de noftredite Monnoye, tont en noftredite Ville de Roüen, qu'ailleurs où ils font tenus aller quand il nous plaift les enuoyer
en autre Garnifon, delaiffant leurs femmes, familles, &
toutes leurs autres affaires & negoces ceffans; qu'auffi de
la fomme de Cinq folds parifis qui leur auroient dés l'ori-
gine de leur creation, efté ordonnez de Gages par chacun

par elle confirmez & regiſtrez en ſes Cours ſouueraines:
ſans qu'il leur ſoit fait, ou donné aucun trouble ny empeſchement, nonobſtant tous Edicts, Declarations, Reglemens & Arreſts, tant dudit Conſeil que de ſes Cours
des Aydes. Fait ſa Maieſté inhibitions & defences à tous
Aſſeeurs Collecteurs deſdits Tailles & tous autres, de
comprendre leſdits Ouuriers, Monnoyers dudit ſerment
de France, actuellement ſeruans, aux Rolles des Tailles:
encores que par les Commiſſions de ſa Maieſté exped.ées
pour la leuée d'icelles, il ſoit porté; exempts & non e-
xempts : priuilegez & non priuilegez. Et pour l'execution
du preſent Arreſt, ſeront toutes Lettres, Declarations &
autres neceſſaires expediées. Fait au Conſeil d'Eſtat du
Roy tenu à Senlis, le dixieſme iour de Septembre, Mil
ſix cens trente ſix.   *Collationné.*
Signé   BORDIER. Et plus bas eſt eſcrit:

*Regiſtré ès Regiſtres de la Cour des Aydes en Normandie,
ſuyuant l'Arreſt d'icelle de ce iourd'huy dix-neufieſme iour de
May, Mil ſix cens trente-ſept.* Signé, *DE L'ESTOILLE.*

LOVYS par la grace de Dieu,
Roy de France & de Nauarre : A tous ceux
qui ces preſentes Lettres verront, Salut. Encores que par nos Lettres patentes du mois de
Iuin Mil ſix cens ſaize, regiſtrées où beſoin
a eſté, & pour les conſiderations y contenuës, Nous ayons
maintenu & confirmé, Nos chers & bien aimez, Les Ouuriers, & Monnoyers, du ſerment de France, en noſtre
Monnoye de Roüen en la joüiſſance des Priuileges, exemptions de Tailles, & Immunitez à eux accordez par nos
predeceſſeurs Roys, neantmoins ayans eſté aupreiud ce de
ce, troublez & empeſchez en ladite ioüiſſance, ont diſcon-

C

tinué d'aller trauailler en nos Monnoyes, & y rendre le
feruice qu'ils Nous y doiuent & au public; attendu le peu
d'efmollument qu'ils en reçoiuent; & le falaire qui leur eft
deu pour l'ouurage & monnoyage de chacun marc d'or &
d'argent, eftát fi modicque qu'à peine peut-il fuffire pour
les frais qu'ils font obligez de faire en la fabrication defdites Monnoyes, à prefent que le prix de tout ce qu'il leur
eft neceffaire pour l'exercice de leurs charges eft prefque
doublé: Tellement que fans la confideration defdits Priuileges & Exemptions, il leur feroit plus aduantageux d'a-
bandonner leurdit exercice que de le continuër. Ce que
Nous ayant efté reprefenté en noftre Confeil d'Eftat par
aucuns des Prefidents & Confeillers de noftre Cour des
Monnoyes pour ce mandez & ouys : Et auquel cét affaire
a efté meurement defliberé. Sç A V O I R F A I S O N S, Que
Nous, defirant fubuenir aufdits Ouuriers & Monnoyers
du ferment de France, & leur donner fujet de continuër
leurfdits feruices. AVONS, fuiuant l'Arreft de noftredit
Confeil, du 10. Septembre dernier, dont l'extraiƈt eft cy
attaché fous noftre contre-feel; Dit & declaré, difons &
declarons par ces prefentes fignées de noftre main: Voulons, & nous plaift, que lefdits Ouuriers & Monnoyers dudit ferment de France en noftre Monnoye de Rouën,
aƈtuellement feruans & trauaillans en nofdites Monnoyes,
iouyffent plainement & paifiblement, comme par le paffé, de leurfdits Priuileges, exemptions de nos Tailles, &
Immunitez à eux accordez par les Ediƈts & Declarations
de nos predeceffeurs Roys, & par Nous confirmez & re-
giftrez, comme dit eft: Faifant tres expreffes inhibitions
& defences à tous Affeeurs, Colleƈteurs defdites Tailles,
& tous autres, de comprendre lefdits Ouuriers & Monnoyers aƈtuellement feruans, aux Rolles defdites Tailles:
Bien que par nos Commiffions expediées pour la leuée
d'icelles, il foit porté, exempts & non exempts, priuilegez & non priuilegez: pourueu toutesfois que lefdits Ou-

uriers & Monnoyers foient actuellement trauaillans en nos Monnoyes, aufquelles ils auront fait leur experience & efté receus, dont ils feront apparoir par certificat. fi c'eft vn Ouurier, du Preuoft des Ouuriers: fi c'eft vn Monnoyer, du Preuofts des Monnoyers, ou de leurs Lieutenans en leur abfenfe. Si Donnons En Mandement A nos amez & feaux Côfeillers, les Gens tenans noftre Cour des Aides à Rouën, & autres nos Iuges & Officiers & à chacun d'eux endroit foy, ainfi qu'il appartiendra, Que ces prefentes ils facent publier & regiftrer, & du côtenu joüyr & vfer lefdits Ouuriers & Monnoyers dudit ferment de France, plainement & paifiblement: conformément aufdites Lettres de Confirmation du mois de Iuin 1616 & audit Arreft de noftredit Confeil dudit 10. Septembre dernier: Ceffant & faifant ceffer tous troubles & empefchemés au contraire: Nonobftant tous Edicts, Declarations, Reglemens, Arrefts, tant de noftredit Confeil, que Cour des Aides, & autres Lettres à ce contraires, aufquelles Nous auons derogé & derogeons par cefdites prefentes. Car tel eft noftre plaifir. En tefmoin dequoy Nous auons fait mettre noftre féel à cefdites prefentes. Donné à Paris le 25. iour de Férier, l'an de grace Mil fix cens trente-fept. Et de noftre regne le 27. Signé LOVYS. Et fur le reply: Par le Roy. De Lomenie. Et féellées fur double queuë du grand féel de cire jaulne. Et fur ledit reply eft encores efcrit.

Regiftré és Regiftres de la Cour des Aydes en Normandie, pour en ioüir par les Impetrans, fuyuant l'Arreft de ladite Cour de ce iourd'huy dix-neufiefme iour de May, Mil fix cens trente-fept.

Signé   DE L'ESTOILLE.

Plus fur ledit reply eft encore efcrit. *Regiftrées au Bureau des Finances à Rouën: Pour ioüyr par les Impetrans de l'ordonnance d'iceluy, le faiziefme Mars Mil fix cens trente-neuf.*

Signé   GVENET, vn paraphe.

Surannation & Relief d'adresse aux Tresoriers de France, & Conseillers Escheuins de la ville de Roüen, sur les Priuileges des Ouuriers des Monnoyes.

LOVYS par la grace de Dieu, Roy de France & de Nauarre : A nos amez & feaux Conseillers les Presidens & Tresoriers generaux de France au Bureau de nos Finances establly à Rouën : Conseillers & Escheuins de ladite Ville; Nos bien-aimez les Officiers, Ouuriers & Monnoyers du serment de France en nostre Monnoye de Rouën, Nous ont fait remonstrer, que par nos Lettres patentes données à Paris au mois de May Mil six cens vnze; & vingt-cinquiesme Février Mil six cens trente-sept, Nous leur aurions continué & confirmé les Priuileges, Immunitez, & Exemptions des Tailles, Emprunts, Subsides, Subuentions, & Impositions quelsconques, mises & à mettre; de quelque nom qu'elles peussent estre appellées, à eux cy-deuant accordées par les Roys nos predecesseurs : Lesquelles Lettres les Exposans desireroient vous presenter pour les faire iouyr du contenu en icelles; Mais parce qu'elles ne vous ont esté adressées & presentées dans l'an de leur Impetration, ils craignent que vous faciez difficulté de proceder à la verification & enregistrement d'icelles, s'ils n'auoient nos Lettres sur ce necessaires, qu'il nous ont treshumblement requises. A CES CAVSES, apres auoir veu lesdites Lettres cy attachées sous le contre-seel de nostre Chancellerie ; NOVS VOVS MANDONS, & à tous autres nos Iusticiers & Officiers qu'il appartiendra; Que vous ayez à les faire registrer, & du contenu d'icelles ioüyr & vser plainement & paisiblement lesdits

leſdits Expoſans, nonobſtant la Surannation & le defaut
d'adreſſe deſdites Lettres, que ne voulons leur nuire ny preiudicier . Et dont, entant que beſoin feroit, Nous les auons
releuez & releuons par ces preſentes: Car tel eſt noſtre plaiſir.
Donné à Paris le vingt-cinquieſme iour de Ianuier, l'an de
grace Mil ſix cens trente-neuf. Et de noſtre Regne le 29.
Signé par le Roy en ſon Conſeil . F A R D O I L. Et ſeelles ſur
ſimple queuë du grand ſeau en cire iaulne. Et plus bas eſt eſcrit :

*Regiſtrées au Bureau des Finances à Rouën, pour en iouïr par les
Impetrans ſuiuant l'Ordonnance d'iceluy de ce iourd'huy ſaizieſme
de Mars, Mil ſix cens trente-neuf.*

Signé   G V E N E T.

LES Preſidens & Treſoriers gene-
raux de France en Normandie : Au Bureau des Finances eſtably à Rouën. V E V par nous les Lettres patentes du Roy données à Paris le vingt-cinquieſme iour de
Féurier Mil ſix cens trente-ſept : Par leſquelles , ſa Maieſté,
pour les cauſes & conſiderations y contenuës; A dit & declaré,
veut & luy plaiſt, Que les Ouuriers & Monnoyers du ſerment
de France en ſa Monnoye de Rouën, actuellement ſeruans &
trauaillans en icelle, Iouyſſent plainement & paiſiblement,
comme par le paſſé, de leurs Priuileges, & Exemptions de
Tailles & Immunitez à eux accordez par les Edicts & Declarations de ſes predeceſſeurs Roys, & confirmez par ſadite Maieſté, & regiſtrées où beſoin a eſté : Faiſant treſ-expreſſes inhibitions & defences à tous Aſſeeurs, Collecteurs deſdites
Tailles, & tous autres de comprendre leſdits Ouuriers & Mõnoyers actuellement ſeruans , au Rolle deſdites Tailles; Bien
que par les Commiſſions expediées pour la leuée d'icelles, il
ſoit porté; Exempts & non exempts: priuilegez & non priuilegez : Pourueu toutesfois, que leſdits Ouuriers & Mõnoyers
ſoient actuellement trauaillans éz Monnoyes auſquelles ils

D

auront fait leurs experiences, & eſté receus; ainſi que plus
amplement eſt contenu auſdites Lettres : Veu auſſi autres
Lettres patentes de ſadite Maieſté données à Paris le vingt-
cinquieſme Ianuier dernier : Par leſquelles, Il nous eſt mandé, Que nous ayons à faire regiſtrer leſdites Lettres du 25.
de Féurier 1637. & du contenu en icelles, faire iouyr & vſer
plainement & paiſiblement leſdits Ouuriers & Monnoyers de
la Monnoye de Rouën : Nonobſtant la Surannation & le defaut d'adreſſe deſdites Lettres ; Et la Requeſte à nous preſentée par iceux Ouuriers & Monnoyers , aux fins ſuſdites.
NOVS AVONS ORDONNE', Que les ſuſdites Let-
tres patentes des 25. de Féurier 1637. & 25. de Ianuier dernier, ſeront regiſtrées éz Regiſtres de ce Bureau; Pour en iouyr
par les Impetrans ſelon leur forme & teneur. Donné à Rouën
le ſaizieſme iour de Mars, Mil ſix cens trente-neuf.

Signez, BAVDOVYN, DYEL, & LE CORNV,
chacun vn paraphe.   Et plus bas eſt eſcrit :

Par leſdits Sieurs,   GVENET, vn paraphe.

*Collationné par moy Conſeiller Secretaire du Roy, Maiſon
& Couronne de France, & de ſes Finances.*